PETER PRENSIBI

İş yerindeki beceriksizliğe HAYIR deyin

50MINUTES.com

PETER PRENSIBI

İş yerindeki beceriksizliğe HAYIR deyin

tarafından yazılmıştır Gabriel Verboomen
tarafından çevrildi Baris Şahin

50MINUTES.com

PETER PRENSİBİ

ANAHTAR BİLGİLER

* **Adı:** Peter Prensibi.

* **Kullanım alanları:** insan kaynakları ve performans yönetimi, insan potansiyelinin geliştirilmesi.

* **Neden başarılıdır?** Başarısı belirsizdir çünkü bireylere ve kuruluşlara bağlıdır.

* **Anahtar kelimeler:**

  o <u>Yetkinlik</u>: belirli bir pozisyonda maksimum verimlilik için gerekli bilgi ve teknik bilgi

  o <u>Verimlilik</u>: mükemmellik ile eş anlamlıdır, bir çalışanın sınırlı kaynaklarla (zaman, para, vb.) belirli görevleri yerine getirme becerisi

  o <u>Hiyerarşi</u>: bir kuruluş içindeki otorite yapısı

  o <u>Terfi</u>: bir çalışanın bir kuruluş içinde daha yüksek bir seviyeye atanması.

GİRİŞ

Peter Prensibini ele alırken, bu modelin birçok durumda aydınlatıcı olsa da, hicivli bir kitaptan geldiğini ve bu nedenle bilimsel gerçekleri ortaya koyarken dikkatli kullanılması gerektiğini fark etmek özellikle önemlidir. Kurumlar içerisinde giderek güçlenen hiyerarşiler bağlamında, kurum içi terfi meselesi söz konusudur. Bir çalışanın yetkinliği, hiyerarşik yükselişin belirlenmesinde baskın kriter olmalı mıdır? Bu yetkinlik seviyesi nasıl ölçülebilir? Verimli bir çalışan mutlaka iyi bir organizatör mü olmalıdır?

 ## MODELİN TANIMI

Peter İlkesi, bir çalışanın belirli bir hiyerarşik seviyede verimli çalışması halinde, verimsiz olduğu seviyeye ulaşana kadar bir üst seviyeye terfi edeceğini belirtir. Rütbesi düşürülemiyorsa, bu, tüm yapıların doğal olarak daha büyük bir verimsizlik dengesine doğru evrildiği anlamına gelir.

Bu ilke ilk bakışta saçma gibi görünse de, insan kaynakları yönetimiyle ilgili bazı sorunları gündeme getirmektedir. Hem bireyin hem de şirketin iyiliği için kimler terfi ettirilmelidir? Ve genel verimliliği artırmak için bu hangi koşullar altında yapılmalıdır?

TEORİ

LAURENCE JOHNSON PETER (KANADALI EĞITIMCI VE PSIKOLOG, 1919-1990)

Aslen Vancouver'lı olan Laurence J. Peter, 1958 yılında Western Washington State College'dan mezun olduktan sonra, bir yandan öğretmenlik yaparken bir yandan da psikoloji ve eğitim bilimleri alanında çalışmalar yürüttü ve 1963 yılında doktora derecesini aldı. Daha sonra Evelyn Frieden Merkezi'ni yönetti ve 1966'da Güney Kaliforniya Üniversitesi'nde zorluklarla karşılaşan programlar için danışmanlık yaptı.

İlk kitabı *Prescriptive Teaching* 1965 yılında yayımlandı ancak Raymond Hull (Kanadalı yazar, 1919-1985) ile birlikte yazdığı *The Peter Principle* (1969) yayımlanana kadar tanınmadı.

PETER PRENSİBİ HİPOTEZLERİ

Peter Prensibi, tüm ekonomik modeller gibi, araştırılması faydalı olan hipotezlere dayanmaktadır. Sadece en önemlilerine bakacak olursak, bunlar aşağıdakileri içerir (ancak bunlarla sınırlı değildir):

• Bir şirketin hiyerarşik yapısı doğal olarak bir piramit şeklindedir. Bu basitleştirilmiş görünüm, kesin olarak tanımlanmış hiyerarşik seviyeleri göstermektedir: temel işçiler birkaç yönetici tarafından yönetilir, bunlar da daha az sayıda üst düzey yönetici tarafından yönetilir ve bu böyle devam eder.

- Çalışma pozisyonları katıdır ve belirlenmiş görevleri içerir: bir pozisyona atanan işçi belirli sayıda görevi yerine getirir. Eğer kendisinden beklenen işi yapamazsa, o iş basitçe yapılmayacaktır. Başarılı olursa, kendisine başka görevler verilmez. Ancak bu bağlamda, bu yapısal tanımlamaların belirli bir zamana dayandığını ve şirketlerin şu anda örneğin bir proje veya ağ üzerinden çalışan çok daha esnek kuruluşlar olduğunu unutmayın.

- En güçlü ve en tartışmalı hipotez, kitabın 'Peter hipotezi' olarak adlandırdığı hipotezdir. Daha yüksek bir hiyerarşik pozisyon için gereken yetkinlik seviyesi, hiyerarşik olarak daha düşük bir pozisyon için gereken yetkinlikten tamamen bağımsızdır. Eğer bir çalışan bir pozisyon için en uygun kişi ise ve daha üst bir seviyeye terfi ettirilirse, bu terfiden sonraki yetkinlik seviyesi tamamen öngörülemezdir.

Jean-Paul Delahaye'e (Fransız bilgisayar bilimcisi ve matematikçi, 1952 doğumlu) göre, bu basit varsayımları kabul edersek, mantıksal olarak tüm terfilerin iki etki nedeniyle bir çalışanın performansını düşürme eğiliminde olduğunu varsaymış oluruz:

- **Cırcır etkisi:** Bir çalışanın rütbesi düşürülemeyeceği için geri adım atmak imkansızdır. Eğer rekabetçi ise, merdiveni tırmanmaya devam edecek ve verimli olduğu bir pozisyonda kalmayacaktır. Hareket, artık verimli olamayacağı çok yüksek bir seviyeye ulaşana kadar etkin bir şekilde devam edecektir. Bu durumda çalışan bu seviyede sıkışıp kalır ve ne rütbesi indirilebilir ne de yükselmeye devam edebilir.

- **Ortalamaya doğru gerilemenin istatistiksel etkisi (istatistiksel dağılım ilkesi):** rastgele, 'normal' bir olay sırasında, ortalamaya yakın bir sonuç elde etme olasılığı, çok yüksek veya çok düşük bir sonuç elde etmekten daha yüksektir. Böylece, ortalamanın çok üzerinde yetkinliğe sahip bir çalışana güvenebilecek kadar şanslı olan ve pozisyonunu değiştirmeye karar veren şirket, ortalama bir sonuç elde etme şansı yüksek olan çalışanın yetkinliğini bir kez daha belirler.

Peter Prensibi'nin hipotezlerinin ardında uygunsuz bir gerçek yatmaktadır: zaman içinde her pozisyonun beceriksiz bir çalışan tarafından işgal edilme olasılığı artarken, hiyerarşide bir pozisyon ne kadar yukarıdaysa, yapının genel performansı için o kadar önemlidir. Bu, piramidin tabanının işletmenin düzgün işleyişi için tepeye göre daha az gerekli olduğu anlamına gelmez, aslında tam tersidir. Basitçe söylemek gerekirse, piramit yapısını kabul eder ve her seviyeye eşit önem verirsek, bir pozisyon, o seviyede daha az pozisyon olduğunda genel performans için daha fazla öneme sahiptir. Örneğin, beş çalışan için iki yönetici varsa, yöneticinin bireysel yetkinliği hiyerarşik seviyesinin performansının %50'sini oluştururken, her bir çalışanın bireysel performansı yalnızca %20'sini oluşturur.

Peter İlkesi'nin hipotezlerinde, özellikle de mandal etkisi hipotezinde, 'her çalışanın kendi yetersizlik seviyesine yükselme eğiliminde olduğu', dolayısıyla bir

yapının doğal dengesinin, her pozisyonun sorumluluk-
ları taşıyamayacak biri tarafından işgal edilmesi olduğu
açıktır.

BECERİKSİZ ÇALIŞANLAR

Bu ilke, Laurence J. Peter tarafından 'hiyerarşiyoloji'
adını verdiği bütüncül bir organizasyon biliminin
parçası olarak tasarlanmıştır.

Bu, somut uygulamalar sağlamayı ve modelini gözlem-
lediği kuruluşların gerçekliğiyle yüzleştirmeyi amaçla-
maktadır. Elbette, prensibin istisnalarına dikkat
çekmektedir. Örneğin, en yetkin olanlar her zaman terfi
ettirilmez. Yetersiz çalışanların terfi ettirildiği birkaç
vakayı vurgulamakta ve nedenini açıklamaktadır.

- **Güçlü yüceltme veya sözde geliştirme:** Yetersiz bir
  çalışanı bir üst kademeye terfi ettiren bu strateji,
  esas olarak bir gün kendilerinin de terfi ettirilebilece-
  ğine inanan diğerlerinin umudunu korumaya hizmet
  eder. Bu tehlikelidir çünkü hiyerarşinin bir parçası
  olmayan insanlar için sadece bir yanılsamadır.

- **Yanal arabesk:** Bu, beceriksiz bir çalışanı, mevcut
  pozisyonunda verebileceği zararı sınırlamak için
  daha büyük bir unvanla yeni, işe yaramaz bir pozis-
  yona terfi ettirir.

- **Peter'ın tersine çevirmesi:** Bu durumda, yetersiz bir
  çalışanın terfisi, verimliliğinden ziyade hiyerarşi tara-
  fından dayatılan standartlara uymasına bağlıdır.
  Standartlar verimliliği artırmak için var olduğundan

ve standartlara uyuma verimlilik kadar değer verdiğinden, nihai etki ve araçlar tersine çevrilmiştir.

- **Hiyerarşik yaprak dökümü:** Çalışanların sistemin saçmalığını algılayıp uymamaya karar vermelerini önlemek için, şirket beceriksiz bir çalışanın terfi etmesini destekler.

SON POZİSYONUN İŞARETLERİ

Peter'a göre, beceriksizliğin ya da beceriksizliği başkalarından ve kendinden gizlemenin işaretlerini tespit etmek kolaydır. Bunlara 'son pozisyonun işaretleri' denir: ancak, mesleki tatmin yanılsaması verirler.

- **Klasofili:** Yunanca 'classis' ('kategori' veya 'sınıf' anlamına gelir) kelimesinden gelen bu durum, (kendilerine) önemli bir iş yaptıkları yanılsamasını vermek için gereksiz bir sınıflandırma takıntısıdır.

- **Gigantism tabula:** En büyük ofisi isteyen beceriksiz çalışanı ifade eder.

- **Papyromania:** Yunanca 'Papyros' ('kağıt') ve Latince 'mania' ('delilik' veya 'takıntı') kelimelerinden oluşan bu kelime, aşırı derecede meşgul olduğu izlenimini vermek için masasına evrak yığan beceriksiz bir çalışanın işaretidir – dolayısıyla görünürdeki düzensizlik –.

- **Papyrophobia:** Yunanca 'papyros' ('kağıt') ve 'phobos' ('fobi') kelimelerinden oluşur ve çalışma alanında herhangi bir kağıda tahammül edemeyen beceriksiz bir çalışanın işaretidir. Ofis düzenliyse, iş arkadaşları, üstler ve hatta belki de çalışanın kendisi bile işin verimli bir şekilde yapıldığına inanacaktır.

- **Phonophilia:** Yunanca 'phone' ('ses') ve 'philos' ('arkadaş') kelimelerinden oluşan bu kelime, meslektaşlar ve astlarla iletişim eksikliğini suçlamayı ve ofise birden fazla telefon ve teyp yerleştirmeyi içeren bir beceriksizlik işaretidir. Bu fikir ilk kez 1969 yılında ortaya çıktığından, bu 'işaret' muhtemelen günümüz teknolojilerine göre yeniden ifade edilmelidir.

- **Rigor Cartis:** Latince kökenli olan bu kelime, durumlar üzerinde kontrol yanılsaması yaratan grafiklere, diyagramlara ve çizelgelere karşı takıntılı bir ilgiye işaret eder.

- **Baş harf siglomanisi:** Latince 'sigla' ('işaretler' veya 'kısaltmalar' anlamına gelir) ve 'mania' ('delilik' veya 'takıntı' anlamına gelir) kelimelerinden oluşan bu işaret, beceriksiz çalışanın profesyonellik izlenimi vermek için, bu konuda bilgisi olmayan personelle anlaşılmaz baş harfler ve kısaltmalar kullanarak konuşmasıdır. Bunun kendisine verdiği önemden zevk aldığı için işleri karmaşıklaştıracaktır.

- **Strüktürofili:** Latince 'yapı' ('düzenleme', 'inşaat') ve Yunanca 'philos' ('arkadaş') kelimelerinden gelen bu durum, belirli bir yapıda çalışmaktan zevk almayı içerir, bu işaretin kanıtlarını gösteren beceriksiz çalışan, işin kendisinden zevk almanın zararına, çalıştığı binanın düzeni ve bakımı konusunda takıntılı olacaktır.

- **Flutter sendromu:** beceriksiz çalışan nadiren karar verir ve kararların işleme konulmadan önce uzun süre beklemesine izin verir.

- **Anormal tabula:** Latince 'tabula' ('tabak' veya 'masa') kelimesinden gelen bu durum, çalışanın alışılmadık ve garip ofis ekipmanları kullandığı bir yetersizlik işaretidir.

Ancak Peter, siyasi, sosyal ve ekonomik modellerimizin işleyişi açısından neyse ki, hiyerarşinin tepesindeki tüm pozisyonların mutlaka beceriksiz çalışanlar tarafından işgal edilmediğini açıklayarak ifadelerini nitelendirmektedir. Aslında, prensibin bu açıklamasında, bir kuruluşun hiyerarşik yapısının genellikle tüm yetkin insanların – bu çok büyük bir hata olmasa da, aksi takdirde hiyerarşik yaprak dökümünden muzdarip olacakları için – potansiyellerine ulaşmaları için çok küçük olduğu gerçeğini vurgulamaktadır. Bununla birlikte, yetkin üstlerin genellikle daha büyük kuruluşlar tarafından işe alındığını ve burada bir kez daha kendi yetersizlik seviyelerine ulaşana kadar yükselebildiklerini unutmayın.

SINIRLAMALAR VE GENİŞLETMELER

SINIRLAMALAR VE ELEŞTİRİLER

Modelin sınırları, dayandığı hipotezler göz önünde bulundurulduğunda açıkça ortaya çıkmaktadır.

* Şu anda bir kuruluş genellikle Peter'ın tarif ettiği piramit yapısı kadar basit değildir. Çoğu zaman, başkalarını koordine eden bir çalışan terfi ettirilmemiştir. Çeşitli departmanlar, en azından teoride, eşit düzeydedir. Ademi merkeziyetçilik ve yetkilendirme teşvik edilir ve doğrudan dikey hiyerarşiyi azaltma eğilimi vardır. Bu olgu 'piramitlerin düzleşmesi' olarak adlandırılmaktadır. Belki de bu, hiyerarşinin daha katı olduğu bir dönemden kaynaklanan Peter İlkesi'nin etkilerinden kaçınmanın çağdaş yollarından biridir?

* Bir pozisyon artık dondurulmuş değildir. Yetersiz bir çalışan bir pozisyona atanır ve sorumluluklarını üstlenmezse, muhtemelen birçok işlev aşamalı olarak başka bir pozisyona devredilecektir.

* Motivasyon konusu da sorunludur, çünkü çalışan tarafından gösterilen bazı beceriler bundan kaynaklanabilir. Gerçekten de, çalışan kısmen motivasyon nedeniyle hiyerarşinin bir seviyesinde verimli olabilir. Bu hevesi devam ederse, yeni pozisyon için gerekli

olan yeni becerileri daha kolay edinmesi ve daha verimli olması muhtemeldir.

- İşgücü piyasasına giren bir gencin yaklaşık beş kez iş veya görev değiştireceği tahmin edildiğinden, mevcut ciro gerçekleri etkileyicidir.

- Son olarak, kesinlikle en tartışmalı Peter hipotezi, bir pozisyonda gösterilen yetkinliğin önceki bir pozisyonda kanıtlanan yetkinlikten doğası gereği bağımsız olduğudur. İtalyan fizikçiler Alessandro Pluchino, Andrea *Rapisarda* ve sosyolog Cesare Garofalo gibi diğer araştırmacılar, *The Peter Principle Revisited (Peter İlkesi Yeniden Ziyaret Edildi) adlı* makalelerinde bu hipotezi yeniden ele almaktadır: *Hesaplamalı Bir Çalışma adlı makalelerinde,* tam tersi bir hipotez ortaya koyarak ünlü ilkeye yeniden bir bakış açısı getirmişlerdir. Buna 'sağduyu hipotezi' adını veriyorlar: daha yüksek bir pozisyondaki yetkinlik, daha düşük bir pozisyonda gösterilen yetkinliğe bağlıdır ve yaklaşık %10 oranında artar veya azalır.

Peter tarafından geliştirilen beceriksizliğin ampirik testi de güvenilmez olabilir. Gerçekten de belirtiler o kadar çok farklı davranışı içermektedir ki, bazılarının yaptığı gibi bunları Peter İlkesinin sözde kanıtı olarak kullanamayız. Belirli hipotezlerin görünürdeki değerini dikkate alırsak, eninde sonunda şu gibi durumlarla karşı karşıya kalırız: organizasyonu çok seven veya çok otoriter olan kişi beceriksizdir, ancak yeterince organize olmayan veya otoriter olmayan kişi de beceriksizdir. Eğer aşırılık her zaman kötü bir şeyse, iddia edilen semptomların çoğu aslında nitelikler olarak algılanabilir. Ayrıca, beceriksiz bir çalışanın beceriksizliğini gizlemeye çalışmak için bu tutumları – ama aşırıya kaçarak – benimsemesinin nedeni de budur. Sonuç olarak, Peter İlkesi doğrulanamaz ve çalışmasında kullandığı hicivli ton, gerçek bir bilimsel iddiası olmadığını göstermektedir.

İLGİLİ MODELLER VE UZANTILAR

Peter İlkesi, kurumsal dünyayı belirli bir alaycılıkla tanımlayan ve bilimsel titizliği en büyük kaygısı olmayan, az ya da çok mizahi bir tarza sahip aynı türden bir dizi 'yasanın' bir parçasıdır. Ancak bunlardan bazıları, çoğu kuruluşun etkin bir şekilde başa çıkması gereken zorlu gerçeklere işaret etmektedir.

Parkinson Yasası

Bunlar arasında özellikle İngiliz tarihçi Cyril Northcote Parkinson'a (1909-1993) ait Parkinson Kanunu (1955) vardır; bu kanuna göre iş, her zaman işten sorumlu kişinin mevcut zamanını dolduracak şekilde yayılır. Bunun uzantısı olarak, bir proje için mevcut tüm kaynakların kullanıldığını düşünebiliriz, bunlar zaman, para, insan gücü vb. olabilir. Bu yasanın altında yatan iki sonuç vardır:

- **Astların artırılması.** Bir çalışan bir projeyi tamamlayamazsa, yalnızca iki seçeneği vardır: ya işin bir kısmını potansiyel rakip olabilecek birine vererek boşaltabilir ya da astlarının desteğini talep edebilir. Çoğu durumda, ilk olarak konumunu korumak ve ikinci olarak da önemini artırmak için ikinci seçenek tercih edilir. Her görevi paylaşmak için birkaç astı olmasını sağlayacağı unutulmamalıdır. Bu şekilde, hiçbiri tüm görevi yerine getiremeyeceğinden, hiç kimse potansiyel bir rakip haline gelmeyecektir.

- **İş yükünün artması.** İster eşitlerle ister astlarla çalışılsın, gerçek şu ki, birden fazla kişi çalıştığında iş yükü artar. Genellikle işi yapmak kadar görevi koordine etmek de zaman alır. Neredeyse her zaman ekipte delege etmekte zorlanan ve daha fazla sorumluluk üstlenen biri olduğundan, iş sonunda bir kişinin tek başına üretebileceğiyle eşleşecek şekilde kendini düzeltecektir. Nihayetinde, tek bir kişinin üretebileceği aynı işi üretmek için bu işe adanmış bütün bir ekip gerekir ve tüm bu insanları koordine etmek için ek zaman harcanır.

Dilbert Prensibi

Scott Adams'ın (Amerikalı karikatürist, 1957 doğumlu) kendi adını taşıyan çizgi romanından türetilen Dilbert İlkesi'nden de bahsedeceğiz. Ona göre, beceriksiz çalışanlar hiçbir özel beceri göstermemiş olsalar bile derhal terfi ettirilir ve yönetici olurlar. Bu ilke Peter İlkesi'nden bile daha radikaldir, çünkü yönetim işlevlerini bilinçli olarak beceriksiz çalışanlara emanet ettiğimizi, böylece herhangi bir zarara neden olamayacaklarını varsayar. Elbette bu, yönetimin her zaman faydasız olduğunu varsayar.

Benzer şekilde, "yapabilenler yapar; yapamayanlar öğretir" şeklindeki popüler sözden de bahsedebiliriz.

Her ne kadar bunlara 'model' diyemesek de – çünkü bilimsel değiller – bu ilkeler ekonomik modellerin teorik performansına karşı bazı ampirik dirençler göstermektedir. Gerçekte sınırlarını bildiğimiz bu modellerden vazgeçmeli ve terfileri rastgele vermeyi düşünmeli miyiz?

PRATİK UYGULAMA

Peter Prensibinin iş başında olduğu vaka çalışmaları hem çoktur hem de hiç yoktur. Çok sayıdadırlar, çünkü her birimiz, Peter'ın meslektaşlarımız veya üstlerimiz arasında tanımladığı işaretleri tanıyarak, beceriksiz bir çalışanın terfi ettiği bir durumu kolayca hayal etmeyi başarırız. Bunların gerçekten beceriksizliği kanıtladığını söylemeye gelince, bu başka bir konudur. Bir çalışanın performansını ölçmek oldukça zordur ve çoğu insan kaynakları yöneticisi bunu iyi bilir. Benzer şekilde, çalışanlar da genellikle üstlerini yetersiz bulma eğiliminde olacaktır çünkü başkalarını eleştirmek sorumluluk almaktan daha kolaydır. Literatürde çoğu zaman beceriksizliğin iddia edildiği ancak Peter İlkesi destekçilerinin hayal gücünden öteye geçmeyen vakalar yer almaktadır. Bu anlamda gerçek vaka örnekleri mevcut değildir.

KATANYA ÇALIŞMASI

Alessandro Pluchino, Andrea Rapisarda ve Cesare Garofalo, *The Peter Principle Revisited* adlı makalelerinde anekdotlar anlatmak yerine *Hesaplamalı Bir Çalışma* adlı *makalelerinde*, modeli gerçekte ele almak için farklı bir yol denemeyi tercih ettiler. Terfi hipotezlerini değiştirerek piramit yapısının evriminin bir bilgisayar simülasyonunu kullandılar. Makaleleri şaşırtıcı bulgular ortaya koydu ve onlara en sıra dışı araştırmaları ödüllendiren

Nobel Ödülü'nün bir parodisi olan Ig Nobel Ekonomi Ödülü'nü kazandırdı. Bununla birlikte, çalışmaları yine de çok ciddidir ve sonuçların tuhaf doğası Peter tarafından geliştirilen düşünceyi ve mizahi hipotezleri güçlendirmektedir.

Hayali bir kuruluşun tanımı

Bu nedenle, bir bilgisayar programında (oyun teorisinin farklı yönlerini test etmek için elverişli çoklu ajan simülasyonu için özel olarak tasarlanmış bir programlama dili olan Netlogo'yu kullanarak), altı hiyerarşik seviyeden oluşan (sırasıyla 81, 41, 21, 11, 5 ve 1 ajan içeren) hayali bir organizasyon oluşturdular. Her bir ajan 18 ila 60 arasında değişen bir yaş ve 1 ila 10 arasında değişen bir beceri seviyesi ile karakterize edilmektedir.

Simülasyonun başlangıcında, yaşlar ve beceri seviyeleri yukarıda açıklanan istatistiksel dağılım temelinde rastgele belirlenir.

 **'NORMAL' İSTATİSTİKSEL DAĞILIM**

İstatistiksel bir dağılım, ortalamaya yakın sonuçların güçlü bir olasılığını – grafikte keyfi olarak 0'a ayarlanmıştır – ve üstten veya alttan uzaklaşan bir sonuç elde etmeye çalıştıkça giderek daha düşük bir olasılık verir. Bu, büyük örneklerin gerçekliğini en iyi tanımlayan şans biçimi olarak kabul edilir ve tanım gereği, istisnai olaylardan çok daha fazla ortalama olay buluruz.

Simülasyon

Başlangıç durumu oluşturulduktan sonra simülasyon başlayabilir. Oyunun her turunda, temsilcilerin yaşı artırılır. Yaşı 60'a ulaşan her temsilci ortadan kaybolur ve boşluklar alt seviyelerdeki temsilciler terfi ettirilerek doldurulur. En alt seviyedeki boşluklar, yaşları ve becerileri rastgele belirlenen yeni temsilciler eklenerek doldurulur.

Bir temsilci seviye değiştirdiğinde, yetkinliği de test edilen iki hipoteze göre değişir:

- **Peter hipotezi.** Yeni yetkinlik seviyesi tamamen rastlantısaldır.

- **Sağduyu hipotezi.** Yeni yetkinlik seviyesi, bir önceki seviyeye kıyasla en fazla %10 artış veya azalış gösterir.

Her iki durumda da, tüm seviyelerin ortalama performansına karşılık gelen sistemin genel performansını ölçmek gerekir. Bir çalışan merdiveni ne kadar çok tırmanırsa, bireysel performansının da o kadar artması gerektiğini unutmayın.

Doğal olarak, araştırmacıların karşılaştığı soru her yöneticinin karşılaştığı soruyla aynıdır: kim terfi ettirilmelidir? Araştırmacılar her bir hipotez için üç tür terfiyi test etmiştir:

- En iyi çalışanı terfi ettirmek;

- En beceriksiz çalışanı terfi ettirmek;

- rastgele seçilen bir çalışanın terfi ettirilmesi.

Sonuçlar

Çok hızlı bir şekilde, sistemin performansı bir denge noktasına ulaştı.

Sağduyu hipotezi altında, gerçek bir sürpriz yoktur. En iyi kişiler terfi ettirildiğinde iyi bir genel performans, beceriksiz kişiler terfi ettirildiğinde ise kötü bir genel performans elde edilir. Rastgele terfinin genel performans üzerinde büyük bir etkisi yoktur.

Öte yandan, Peter hipotezine bakacak olursak, şaşırtıcı bir sonuç ortaya çıkmaktadır – ki bu sonuç Ig Nobel ödüllü İtalyan araştırmacıların bulduğunun tam tersidir –: beceriksiz çalışanları terfi ettirmeliyiz. Gerçekten de, zayıf bir çalışanı daha yüksek bir seviyeye taşırsanız, ondan daha iyi biriyle yer değiştirme şansı yüksektir, temsilcilerin çoğunluğu ortalamadır. Buna ek olarak, kötü çalışanların performansı, bir kez daha ortalama bir sonuç alma şansı yüksek olacak şekilde, yeniden atanması yoluyla rastgele çekilerek 'tekrarlanacaktır'. Eğer bu şans kötü bir sonuçla sonuçlanırsa, yine de bir sonraki tura geçecektir. Dolayısıyla, en beceriksiz çalışanların terfi ettirilmesi Peter hipotezindeki mantıksal sonuçtur. O halde, sağduyu hipotezinde olduğu gibi, şans tarafsız kalmaktadır. En iyi çalışanların terfi ettirilmesine gelince, bu tam olarak Peter'ın tarif ettiği gibi işler: herkesi kendi beceriksizlik seviyesine iter ve genel performansı kusurlu hale getirir.

Sonuç

Dolayısıyla, ya Peter haklıdır ve yöneticilere sadece en kötü çalışanları terfi ettirmelerini tavsiye edebiliriz ya da daha yüksek bir seviyedeki yetkinliğin daha düşük seviyelerdeki yetkinliğin basit bir varyasyonu olduğunu ve en iyi çalışanları terfi ettirmenin tercih edilen çözüm olduğunu kabul ederiz.

TAVSİYE

Genel olarak, Peter soruna çok statik ve basit bir şekilde yaklaşmaktadır. Belirli bir pozisyon için yeterlilik neden sabit kabul edilmelidir? Uygulanan insan kaynakları yönetim sistemi etkili ise, düzenleyici performans ölçümlerini yetkililerle yapılan görüşmeler ve işlerinin verimliliğini artırmak için personel eğitimi takip etmelidir.

Elbette bu durum bazı dezavantajları da beraberinde getirmektedir:

- Öncelikle, işin kalitesini mümkün olduğunca objektif bir şekilde belirlemek için ilgili temel performans göstergelerine ihtiyacımız var. Örneğin bir satıcı söz konusu olduğunda, sadece mağazaya giren potansiyel müşteri sayısını (bu amaçla giderek daha fazla sayıda mağaza sensör kurmaktadır), satıcı tarafından tahsil edilen tutarı ve bu ikisi arasındaki ilişkiyi ölçmek yeterli olacaktır. Ancak, bir devlet memuru ya da bir ofis çalışanı tarafından üretilen işin kalitesinin ölçülmesi söz konusu olduğunda performansın hesaplanması daha risklidir. Peter'ın kendisi, yetersizlikten bahsederken, bunun belirli göstergelerden ziyade yaygın bir duyguya dayandığı izlenimini vermektedir.

- İkinci olarak, etkili bir insan kaynakları sistemi ve eğitimin uygulanması, sadece çalışan performansını ölçmek ve geçmiş deneyime dayalı olarak doğru çalışanı doğrudan terfi ettirmekten daha zor ve daha pahalıdır.

Peter hipotezi doğru olsun ya da olmasın, yöneticiler hiyerarşiyi iki zıt şekilde değerlendirebilir:

- Her bir fonksiyon ve bununla ilgili beceriler net bir şekilde tanımlanırsa, temel performans göstergelerini uygulamak ve performansı değerlendirmek çok daha kolay olacaktır;

- Aksine, her çalışanın yerine getirmesi gereken görevler konusunda kasıtlı olarak bazı belirsizlikler bırakılırsa, bir çalışanı yetkin olmadığı bazı görevlerden kurtarmak çok daha kolaydır, ancak bunun verimlilik üzerinde önemli bir etkisi vardır.

Dahası, cırcır etkisini ortadan kaldırarak çalışanları daha hareketli hale getirmek mümkündür. İşten çıkarmalar Peter'ın inandığından daha yaygındır.

Peter hipotezi geçerli olmadığında

Peter hipotezi doğrulanmazsa, en iyi çalışanların terfi ettirilmesini içeren sağduyu sistemi, tamamen verimli ise genellikle kuruluşlar tarafından kurulur. Çalışanları terfi alma umuduyla daha iyi performans göstermeye motive etme gibi çifte bir avantaja sahiptir ve üst pozisyon için gerekli beceri düzeyini elde etmek için her türlü çabayı göstereceklerinden, kuruluşun eğitim için para harcamasını önler.

Peter hipotezi doğru olduğunda

Öte yandan, Peter hipotezinin doğru çıkması çok daha sorunlu bir durumdur. En beceriksiz çalışanlar terfi ettirilirse, çalışanların motivasyonunu bozma riski nedeniyle bu işlem ihtiyatlı bir şekilde yapılmalıdır. Ayrıca mali teşviklere odaklanmak ve terfi sistemini bir ödül olarak kullanmaktan kaçınmak gerekir.

Terfilerin bu şekilde değerlendirilmesi ve verilmesi, kurum için önemli maliyetler yarattığından ve pozisyon için en uygun kişiyi bulamadığından sınırlamalara sahiptir.

Son olarak, eğer Peter'ın hipotezi kuruluşların gerçekliğiyle örtüşüyorsa ve mandal etkisi Peter'ın inandığı kadar sabitse, tek gerçek çözüm, ihtiyaç duyulan becerileri ölçerek, onları motive ederek ve eğiterek çalışanları mümkün olduğunca etkili bir şekilde desteklemektir. Bu da kuruluşa, çalışanlar arasında yaşanan tek rekabetin onları hiyerarşinin tüm seviyelerinde yetkin hale getirmesinden çok daha pahalıya mal olmaktadır.

ÖZET

- Laurence J. Peter ve Raymond Hull tarafından geliştirilen ilke, istikrarlı ve ekonomik olarak sağlam bir ortamla karşı karşıya olan işletmelerin yapılarının büyümesini ve gelişmesini hedefledikleri ve bu nedenle kaçınılmaz olarak promosyonları yönettikleri bir dönemde, 1969 yılında *Peter İlkesi* adlı hicivli bir çalışmada yer almaktadır.

- Bu ilke şu hipoteze dayanmaktadır: tüm kuruluşlar yetkin çalışanları, yetkin bir şekilde performans gösteremeyecekleri ve görevden alınamayacakları bir konuma gelene kadar terfi ettirir; bu nedenle kuruluş yaygın bir yetersizliğe doğru ilerler.

- Bu katkı esas olarak, kuruluşlarının genel performansını artırmak için personelinin hareketlerini nasıl yöneteceklerini bilmeleri gereken yöneticilere aittir. Bu amaçla, becerilerin ve kolektif zekanın geliştirilmesini sağlamalıdırlar, çünkü hiç kimse mükemmel değildir, ancak bir ekip olabilir.

- Modelin hipotezleri, özellikle de yeni bir pozisyon için gereken becerilerin önceki pozisyonda görülenlere bağlı olmadığını iddia eden hipotez tartışmalara neden olmaktadır.

- Organizasyonların eninde sonunda etkisiz hale gelme yönündeki doğal eğilimine ilişkin Parkinson Yasası da dahil olmak üzere diğer yasalar da Peter İlkesi ile aynı yöndedir.

- Tavsiye:

  - Peter hipotezi geçerli değilse, sağduyuya güvenin ve en iyi çalışanları terfi ettirin;

  - Peter hipotezi doğruysa:

    - En kötü çalışanları, bunu belli etmeden terfi ettirmek;

    - Çalışanların rolünü değiştirmeden finansal teşvikler vermek;

    - Her bir çalışanı ayrı ayrı gözlemlemek ve aynı hiyerarşik seviye içinde hareket etmek.

DAHA FAZLA OKUMA

BİBLİYOGRAFYA

Blary, J-L. (1999) Le principe de Peter. *Lettre d'ADELI.* Cilt 36.

Delahaye, J-P. (2011) Le principe de Peter. *Pour la science.* Cilt 407, s. 82-87.

Peter, L. J. ve Hull, R. (2011) *Le Principe de Peter ou pourquoi tout va toujours mal.* [2. baskı]. Paris: Librairie Générale Française.

Pluchino, A., Rapisarda, A. ve Garofalo, C. (2010) Peter İlkesi Yeniden Ziyaret Edildi: Hesaplamalı Bir Çalışma. *Physica A: Statistical Mechanics and its Applications.* 3(389), pp. 467-472. [Çevrimiçi]. [Erişim tarihi 18 Temmuz 2014]. Erişim adresi: < http://arxiv.org/pdf/0907.0455v3.pdf>

EK KAYNAKLAR

Scott Adams'tan *Dilbert* web sitesi: http://www.dilbert.com/

Sizden haber almak istiyoruz!
Çevrimiçi kütüphaneniz hakkında yorum bırakın
ve favori kitaplarınızı sosyal medyada paylaşın!

Ana ISBN: 9782808600491
Kağıt ISBN: 9782808601948
Yasal depozito: D/2022/12603/195

Dijital tasarım: Primento,
yayıncıların dijital ortağı.